REPITE CONMIGO
Palabras geniales para decirte todos los días

Jazmyn Simon y Dulé Hill
Ilustraciones de Shamar Knight-Justice
Traducción de Georgina Lázaro

© 2024, Vista Higher Learning, Inc.
500 Boylston Street, Suite 620
Boston, MA 02116-3736
www.vistahigherlearning.com
www.loqueleo.com/us

© Del texto: 2023, Jazmyn Simon
© De las ilustraciones: 2023, Shamar Knight-Justice

Publicado originalmente en Estados Unidos bajo el título
Repeat after Me: Big Things to Say Everyday por Random House Children's Books.
Esta traducción ha sido publicada bajo acuerdo con
Random House Children's Books, una división de Penguin Random House LLC.

Dirección Creativa: José A. Blanco
Vicedirector Ejecutivo y Gerente General, K–12: Vincent Grosso
Desarrollo Editorial: Salwa Lacayo, Lisset López, Isabel C. Mendoza
Diseño: Radoslav Mateev, Gabriel Noreña, Andrés Vanegas, Manuela Zapata
Coordinación del proyecto: Karys Acosta, Tiffany Kayes
Derechos: Jorgensen Fernandez, Annie Pickert Fuller, Kristine Janssens
Producción: Thomas Casallas, Oscar Díez, Sebastián Díez, Andrés Escobar,
Adriana Jaramillo, Daniel Lopera, Daniela Peláez
Traducción: Georgina Lázaro

Repite conmigo: palabras geniales para decirte todos los días
ISBN: 978-1-66991-823-3

Todos los derechos reservados. Esta publicación no puede ser reproducida, ni en todo ni en parte, ni registrada en o transmitida por un sistema de recuperación de información, en ninguna forma ni por ningún medio, sea mecánico, fotoquímico, electrónico, magnético, electroóptico, por fotocopia o cualquier otro, sin el permiso previo, por escrito, de la editorial.

Printed in the United States of America

1 2 3 4 5 6 7 8 9 GP 29 28 27 26 25 24

Para nuestros hijos, Kennedy y Levi: ustedes son nuestros más increíbles sueños hechos realidad. El mundo es un mejor lugar solo porque ustedes están aquí. Los amaremos siempre.
Mama y Dada
—J. S. y D. H.

Para Caiden: que estas palabras siempre resuenen como ciertas y reafirmen todos los fragmentos de tu identidad.
—S. K.-J.

¿Recuerdan cuando eran niños y creían que podrían ser cualquier cosa? Una astronauta, una bailarina de ballet, un bombero o un maestro... Se sentían seguros de sí mismos y sin limitaciones. Entonces, en algún lugar del camino, dejaron de creer. Empezaron a usar las palabras negativas de otros para describirse a sí mismos. Eso no se sentía bien. Como padres y cuidadores, tenemos la oportunidad de cambiar la trayectoria de la vida de nuestros niños. ¿Cómo sería si les diéramos a nuestros pequeños las herramientas para que puedan ver lo mejor de sí mismos diariamente? ¿Si combatiéramos las palabras negativas llenándolos de palabras positivas?

Dulé y yo escribimos este libro para ayudar a nuestros hijos a verse como realmente son: espectaculares. Apenas empezaba el camino de la crianza de mis hijos, cuando leí que, al hacer afirmaciones, en voz alta y en primera persona, realmente estamos reajustando los cables de nuestro cerebro para creer en lo que decimos.

En aquella época, yo era madre soltera y tenía una hermosa hija de tres años, Kennedy Irie, y sabía que quería enseñarle a llenarse a sí misma de amor y pensamientos positivos. Así que, cada mañana, camino a la escuela, íbamos repasando nuestra lista de afirmaciones. Generalmente comenzábamos con "Yo soy amada" o "Yo soy valiosa"; y siempre, para terminar, ella decía "Yo estoy preparada". Y yo expresaba que estaba de acuerdo, diciendo: "¡SÍ, LO ESTÁS! Eres todo eso y mucho más".

En el presente, ya no soy la madre soltera de una hija, sino la feliz madre casada de una niña y un niño. Ahora, mi adorado esposo, Dulé, y yo le recitamos estas afirmaciones a nuestro hijo, Levi. Esperamos que ustedes usen este libro como una herramienta de la misma forma que nosotros lo hacemos.

Por ejemplo:
Padre: Repite conmigo: "Yo soy amado".
Hijo: "YO SOY AMADO".

Tienen la libertad de crear un ritual que llene a sus hijos de pensamientos positivos, un ritual que les brinde una identidad basada en el amor, la verdad y la luz. Lo único que se requiere es que el niño repita la afirmación, en voz alta y en primera persona. Hay tantas cosas que les crean a los padres y cuidadores la sensación de que no tienen control, pero proveer a nuestros niños con una base de amor propio está completamente bajo nuestro control. Solo toma un minuto, pero sus efectos pueden durar toda la vida. Esperamos que, al leer este libro y recitar estas palabras con sus niños, también ustedes dediquen un momento a reaprender cuán amados, capaces y valiosos son. Porque lo son.

"Eres todo eso... y mucho más".

Con amor y gratitud,
Jazmyn Simon y Dulé Hill

Yo soy VALIOSO
Yo soy VALIOSA

Estás llena
de valor,
conocimiento y bondad.
Vales más
que todo el oro
que en la tierra
se hallará.

Yo soy AMADO
Yo soy AMADA

Amo tu piel suavecita,
la punta de tu nariz,
tu corazón, tu sonrisa
y todo dentro de ti.

Yo soy MERECEDOR
Yo soy MERECEDORA

Necesitas saber que,
solamente por vivir,
mereces todo lo bueno
que hay allá lejos y aquí.

Yo soy VALIENTE

Eres osada, entusiasta,
y hasta un poquito atrevida.
A veces, tu valentía
te hace amable y comprensiva.

Yo soy IMPORTANTE

Aquí estás con un propósito.
Tu vida tiene sentido.

Nunca dejes de soñar
ni de creer en ti mismo.

Yo soy FUERTE

No serán solo los músculos
los que muy fuerte te harán.
El cerebro y el valor
por siempre te servirán.

Una habitación oscura
mucho miedo puede dar.
Mas la luz dentro de ti
la sombra reemplazará.

Yo soy TALENTOSO
Yo soy TALENTOSA

Hábil, artística,
creativa, brillante.
Te espera la grandeza,
una vida admirable.

Yo soy VALORADO
Yo soy VALORADA

Como en cada amanecer,
un día nuevo y asombroso,
muy dentro de ti se esconden
tus tesoros más valiosos.

Yo soy ÚNICO
Yo soy ÚNICA

Igual que un copo de nieve,
eres un ser diferente,
de tu risa al corazón,
hasta tu preciosa mente.

Yo estoy PREPARADO
Yo estoy PREPARADA

Llena de energía, fuerza
y de cariño estás tú.
Decidida, ve adelante.
Deja que brille tu luz.

Ahora, repite conmigo:

Yo soy valioso. / Yo soy valiosa.
Yo soy amado. / Yo soy amada.
Yo soy merecedor. / Yo soy merecedora.

Yo soy valiente.
Yo soy importante.
Yo soy fuerte.

Yo soy luz.
Yo soy talentoso. / Yo soy talentosa.
Yo soy valorado. / Yo soy valorada.

Yo soy único. / Yo soy única.
Yo soy suficiente.
Yo estoy preparado. / Yo estoy preparada.

Sí, lo eres. Eres todo eso...

Y MUCHO MÁS.